Ярослав Вайз

Посміхнись!

3ᵉ видання

Сучасне життя має багато переваг, наприклад, можливо негайно спілкуватся із родиною, друзями, бізнес-партнерами на будь-якій відстані й у зручний спосіб. Разом із тим як збільшилися можливості, збільшилися і очікування. Це залишає сучачній людині мало часу на читання. Для короткого ж віршу легше знайти час. Тому з думкою про це і щоб нагадати зайнятим читачам про Головне, про важливість посмішки, вічність любові та про рішуче значеннчя сміливісті для перемоги у добрій справі автор і написав цю книгу.

Wise, I. (2021). *Smile!* (3ʳᵈ ed.) Calgary, AB: Edocation Corp.

ISBN 978-1-989531-17-4

Format:	Book (paperback)
Language:	Ukrainian
Disclaimer:	This book is published as has been submitted by the author and in the original language
Written & designed by:	Iaroslav Wise
Published by:	Edocation Corp.

© 2021 All rights reserved.

Вдячність

Дякую Богові за цю книгу.

Дякую родині за їх підтримку під час написання цих віршів та підготовки цієї книги.

Дякую Вам, читачу, що знайшли час зупинитися і прочитати вірш чи кілька.

Зміст

ПОДЯКА 1
  Дякую, Боже, за любов, поради, настанови! 1
  Три дні підряд Бог давав мені вдачу 1
  Дякую (1) 2
  Дякую знов 2
  Благословен Господь Великий! 3
  "Не покину тебе і не залишу тебе" 4
  Дякую, Боже, за здоров'я та життя 4
  Дякуйте Богу і славте Його 4
  Дякую, Боже, за сили в житті 5
  Хваліте Господа з небес 5
  Від ранньої зорі і до ночі 6
  Все добро – від Бога 7
  Дякую (2) 7
  Дякую, Боже 7
  Господи, дякуємо Тобі за Твою Любов! 8
  Величай, душе моя, Господа 9
  Нехай буде Ім'я Господнє Благословенне 10
  Хай славиться ім'я Твоє повіки! 11
  За Причастя можливість 11
  Як величні діла Твої, Боже 12
  До Пресвятої Богородиці 12
  Славімо Господа бо Він Благий 13
  Я дякую тобі, мамо 13
  Боже, я дякую Тобі 14
  Слав Бога в слові й ділі 15
  Як величні діла Твої, Господи 15
  Дякую (3) 16
НАВЧАННЯ ТА РОБОТА 17
  Де закриваються двері, відкриваються ворота 17
  Я осягнув, що маю вчитися 17
  Інколи буває сумно 18
  Баланс 19
  Критицизм 19
  День настає 20

Коли презентація на разі	20
Цінуй життя	20
Страх Божий – початок мудрості	21
Дрібне / головне	21
Мудрість	22
Життя у собі гарне	22
Як сумно часом буває	23
Я зрозумів дещо важливе	24
Люби добро понад усе	24
Що більше живу, то ясніше розумію	24
Гроші – то лише засіб	25
ТНЕДУТС	26
Твори добро	26
Радій життю, радій	27
Треба помолитися, щоб не помилитися	27
Не треба кричати, щоб почутим бути	27
ЛЮБОВ	**29**
Люби Батьківщину, рідну Неньку, люби!	29
Любімо Україну	29
Люби мир і мир приліпиться до тебе	30
Як світла мить мого життя	30
Всім серцем твоїм	31
Де любов, там – Бог; де Бог, там – перемога	31
Не затуляй серце	31
Люби добро понад усе	32
Господь – мій Друг	32
Є люди, заради яких на світі варто жити	33
Любов, весь світ у слові, все життя	34
Якось два мудреці розмовляли	34
СМІЛИВІСТЬ	**36**
Щастя не падає з неба	36
Будь мужнім і дій мудро повсякчас	36
Будь спок	37
Вище ніс	37
Тримай вище голову	37
Коли тяжко	38
Борітеся, поборете	39
Надійся на Господа і нехай буде певне серце твоє	39

Господи, помилуй	39
Не бійся, крокуй уперед	40
Не дав нам Бог духа стра́ху	40
Люби добро понад усе і мир люби!	41
Ніщо не може розлучити нас із Господом	41
Воля до життя	42
Не боюся	42
Перемагайте зло добром	43
Будь ласка, не сумуй!	43
Любий друже, посміхнись	44
Твоє Свято	44
Я бачив дівчину	45
Щоб не робив, будь певним!	45
Не покину тебе і не залишу	46
Якщо у житті не гладко все	46
Люби добро	47
Не сумуй	47
Посміхнись	48
Життя – це великий дар	48

СВЯТО НАБЛИЖАЄТЬСЯ **49**

Христос народився!	49
Що ми святкуємо на Різдво	49
На Різдво	50
Зірка над вертепом яскраво засяє	50
Чому ми молимось?	51
Ні праворуч, ні ліворуч	52
До Різдва Христового	52
Різдво Христове	53
Посміхнись і будь простим	53
Ісус Христос народився	54

РІЗНЕ **55**

Коли народ єдиний	55
Поборете	55
Наш Боже Єдиний, Україну нам збережи	56
Радіти та мудрим бути	56
Маска, будь ласка	57
Зарядка	58
Хай світло ваше просіяє	58

Господи, поклади закони Твої ... 58
Твори добро ... 59
Скільки можна часу чекати? ... 60
Навіщо жаліти чого вже не маєш? ... 60
Треба залишатися людиною будь-що ... 61
Коли я сумую ... 61
Добрі справи без похвали ... 62
Хто розумний, того Господь спасе ... 62
Що є Батьківщина? ... 63
Життя земне – замале ... 63
Боже, поклади охорону устам моїм ... 64
Церква – це притулок для душі надійний ... 65
Рідна мова ... 65
Чуго ж руки поскладали? ... 66
Не цурайся коренів своїх ... 66
Разом ми покажемо силу ... 66
Хто б що не казав, а життя – неймовірне ... 67
Хай жива вода тече ... 68
Алфавітний покажчик (теги) ... 69
Нотатки читача ... 70

ПОДЯКА

Дякую, Боже, за любов, поради, настанови!

Дякую, Боже, за любов, поради, настанови!
Дякую за підтримку родини!
Дякую за знання своєї й іноземної мови!
Дякую за допомогу у тяжкі години!

Ти, Господи, завжди зі мною,
Боже, я раб Твій і нічим не можна нас розділити:
Ні висотою, ні глибиною, ні вогнем, ні водою.
Боже, раб Твій поклав на серце завжди Тебе любити.

Неділя   23.03.2014

Три дні підряд Бог давав мені вдачу

Три дні підряд Бог давав мені вдачу,
Хоча ні, все життя; і милість Його, сподіваюсь, не втрачу.
Я радий, Боже, що за віру даєш
І про мене, і про кожного з нас дбаєш.

Слава Тобі, Боже наш, слава Тобі.
Та дай ще сили, Щедрий, не лишати зайвого собі,
Щоб сповнився раб Твій радощів вічних;
Щоб усі ми один одного любили і знайомих, і щойно зустрічних.

Субота   08.10.2005

Дякую (1)

Дякую, Боже, за Твою Любов,
Яка зі мною кожен день мого життя.
Я хочу дякувати знов і знов.
Твої поради ведуть до буття.

Прости мене, Боже,
Бо грішний Твій раб.
І доброго діла не маю жодного, Боже;
Але заступи, щоб я не заслаб.

Хай прославлю я Бога мого –
Хай дивуються люди, –
У радості серця Господа над усіма і всього.
Мудрість від Тебе, Боже, нахай допоможе усюди.

Середа   21.09.2011

Дякую знов

Дякую за любов!
Ти з рабом Твоїм на всіх шляхах.
Я Тобі дякую знов
За допомогу в ділах!

Боже, хто я – раб Твій малий,
Але так Ти мене полюбив,
Що на світі живий;
Здоровим Свого раба Ти зробив.

Але мало того було в Очах Твоїх,
Ще й достаток послав Ти мені,
Й родину, рабів Своїх,
Ти зберіг у добрі.

Але, Боже, не відкинь ще одне:
Навчи Твого раба
Робити Тобі вгодне,
Щоб це була моя мета.

Серпень   2011

Благословен Господь Великий!

Благословен Господь Великий!
Він щедро розкриває Правицю.
Не страшні ані люди, ані звірі дикі:
Господь упокорює гнів та левицю.

Але мало того,
Ще додав Ти мені
Здоров'я міцного
Й відкрив Твій вибір уві сні.

На кожному кроці життя,
Боже, з рабом Своїм Ти.
Не страшне вітру сувore виття.
Тобі я буду радіти!

Неділя   10.10.2010

"Не покину тебе і не залишу тебе"

"Не покину тебе і не залишу тебе".
Дякую, Боже, за спасенну підтримку.
Нехай істинний шлях Твій раб обере
Навесні, влітку, восени та взимку!

Березень   2013

Дякую, Боже, за здоров'я та життя

Дякую, Боже, за здоров'я та життя
Бо коли ще живий,
Можу на добро обернути буття.
З Твоєю поміччю, кожен день – новий!

Дякую щиро!
Нехай подяка моя
Буде приємна, як миро.
Нехай Милість прибуде Твоя!

Квітень   2012

Дякуйте Богу і славте Його

Дякуйте Богу і славте Його
У ділах, словах, думках.
Заради нас Він дав Сина Свого, –
Хай у нас діє любов, нехай зникає страх.

Дякуйте і славте Христа.
Не бійтеся почати з чистого листа.
Хай Господь єднає серця;
Хай любов діє у нас із початку і до кінця.

Вівторок   26.10.2019

Дякую, Боже, за сили в житті

Дякую, Боже, за сили в житті,
Дякую за допомогу далі йти!
Дякую за здоров'я, житло,
За їжу, одяг, питво!

А найпаче за надію вічного життя,
За славу у Твоєму Царстві буття!
Дякую за підтримку родини,
Дякую за щирість ближньої людини!

Неділя   26.09.2019

Хваліте Господа з небес

Хваліте Господа з небес
Хваліте Його у вишніх;
Хваліте Господа всі жителі землі.
Хваліте Його всі творіння й сама земля і все, що на ній!
Всі води й зорі!

Бо Він сказав і сталося,
Звелів і утворилося!
Він створив води і землю
І все, що на них,
І все, що під ними,
І все, що над ними.
Він створив мови
І дав людині.
І з кожної мови,
На землі та на небі,
Він чує спів: Алилуя!

Вівторок – Середа   17-18.01.2012

Від ранньої зорі і до ночі

Від ранньої зорі і до ночі,
Хваліте Господа бо повіки милість Його!
Він сказав і сталося;
Він створив і не захитається;

Він знищив і не відновиться.
Усяке дихання нехай хвалить Господа;
Усяка мова нехай хвалить Господа;
Усі народи, хваліть Господа!

Грудень   2011

Все добро – від Бога

Дякую, Боже, за все, що мав і маю:
Все добро – від Тебе – знаю;
І до Тебе сміливо прибігаю,
Смиренно прощення благаю…

Четвер   22.05.2013

Дякую (2)

Дякую, Боже, за любов!
Дякую, що чуєш молитви ближніх, родини –
Ти помилував раба Твого і моя не пролилася кров, –
За те, що чуєш прохання людини!

Які величні діла Твої, Боже!
Дякую за мир!
Дякую за хліб, воду і сир!
За чистий мундир!

Четвер   22.05.2013

Дякую, Боже

Дякую, Боже, за блага земні,
За спілкування з родиною;
За радісні дні;
За здоров'я, свіже повітря долиною!

За добрі поради, за успіх,
За дитячий сміх!
За захист хоч би навколо – бурі виття;
За надію вічного життя!

Ще дякую за щиру любов,
Що Ти спершу нас полюбив
І людям показав і показуєш знов.
І людські серця до любові чуйними зробив!

Середа – четвер   12-13.10.2011

Господи, дякуємо Тобі за Твою Любов!

Господи, дякуємо Тобі за Твою Любов!
За дива Твої, що й досі твориш.
Помилуй і захисти нас знов!
Дякуємо, що до нас через пророків і Писання говориш!

Боже, пробач наші гріхи,
За милістю Твоєю нам чини.
Але й нас настав, укріпи
На добрі діла сміливо йти,

На щирі слова та чисті думки,
Щоб до Тебе нам руки ще піднести!
Дякуємо, Боже, за щедре добро Твоєї руки.

Березень   2012

Величай, душе моя, Господа

Величай, душе моя, Господа
Бо повіки милість Його!
Все премудрістю сотворив єси!
Знням створив всесвіт і мудрістю,

Не захитається вона.
Знання дав людині: кому мови, кому про мови;
Кому про землю, кому про воду;
Кому про повітря, кому про механізми;

А іншим знання про людей, щоб врачувати хвороби!
Одних настановив начальниками, а інших – робітниками.
Одних – науковцями, а інших – митцями.
Але у багатстві не поклав щастя.

Боже, дай нам серце чисте, щоб співати Тобі;
Щоб ми славили Ім'я Твоє в радості;
Щоб славили Ім'я Твоє з мудрістю, з любов'ю та вірою!
Величай, душе моя, Господа

Бо повіки милість Його!
Кожне дихання, кожна мова –
У кожному місці і у кожній справі –
Хваліте Господа,

Бо повіки милість Його!
У любові щирій поклав щастя.
У служінні ближнім – велич.
У простоті – знання!

Величай, душе моя, Господа!
Всі народи, заспівайте Господеві!

Любов Твоя нас береже.
Дякуємо Тобі за любов!
Слава Тобі, Боже, навіки!

Вівторок – середа   11-12.01.2012

Нехай буде Ім'я Господнє Благословенне

Нехай буде Ім'я Господнє Благословенне!
Нехай прийде перед Тобою моління раба Твого смиренне.
Дякую, Боже, за Твою Любов!
За захист знов і знов!

На кожному шляху мого життя –
У спеку, у мороз, у тиші, під час вітру виття,
Ти благословив раба Твого щедрими дарами:
Родиною, здоров'ям, навчанням, житлом і хлібами.

Боже, я дякую Тобі за всіх і за все!
Нехай у мирі раб Твій моління піднесе.
Нехай Ласка Твоя, нехай Любов Твоя спасе!
Раб Твій нехай подячну молитву принесе.

Неділя   10.02.2013

Хай славиться ім'я Твоє повіки!

Хай славиться ім'я Твоє повіки!
Алилуя! Він з океану виточує ріки;
Бог наш перетворює пустелю на оазу;
А струмок нечестивих засихає одразу.

Як величні діла Твої, Боже. Так!
Розкаяне серце квітне і то є знак:
Безмежна Твоя милість, безкрая любов!
Від повноти серця, що Ти нам дав, заспіваємо знов.

Восхвалемо Тебе, Благий, за все.
В молитві, у пісні, у праці, в ділах; і немовля свій сміх піднесе.
І все нам під силу, коли Ти з нами!
Як Блажений Ти Боже, наділив Ти нас усіма дарами!

Понеділок   22.01.2007

За Причастя можливість

За Причастя можливість
Приношу Тобі, Боже, подяку;
За силу, сміливість
І підтримку усяку.

Милість Твоя – безкінечна
Бо не дивлячись на лиця рятуєш.
Сила Твоя – незрівнянна, мудрість – беззаперечна
І розкаяного всякого Ти нагодуєш.

Люблячий, завжди будь з нами.
Знаю, недостойний я просити,
Але крім Тебе нікого іншого не знали.
Один Господь! Тільки Ти можеш нас заступити.

Неділя   *27.11.2005*

Як величні діла Твої, Боже

Як величні діла Твої, Боже.
Все Твоє і від Тебе земля, небо, море і хмари…
І хто крім тебе допоможе?
Хто крім Тебе загасить ворожнечу і чвари?

Почуй нас, бо Твої ми раби.
Я – нерозумний та благаю, пробач нам знов,
Втім, як Тобі завгодно, так і роби
У Тебе бо мудрість та милість, а ще неосяжна любов.

Субота   *11.02.2006*

До Пресвятої Богородиці

Присвята Богородице, дякую Тобі за приклад:
"Я ж Господня раба," Ти сказала;
І таким Твого життя є виклад:
Все життя Ти Богу щиро віддала.

Бог Тебе забрав до Себе коли Ти заснула –
Ти разом із Ним перебуваєш
І нашу щиру молитву до Тебе завжди чуєш і чула
І від бід і скорбот нас визволяєш.

Дякую Тобі, Пресвята Богородице, за молитви непрестанні,
За велику любов і допомогу,
За настанови Твої вечірні і ранні,
За те, що наші прохання, скорботи приносиш Богу.

Неділя   02.10.2016

Славімо Господа бо Він Благий

Славімо Господа бо Він Благий.
Чистим серцями посилає день ясний,
На віки і нині милість Його;
Навіть грішних спасає і не відніме того.

Субота   11.02.2006

Я дякую тобі, мамо

Я дякую тобі, мамо,
За все, що мені ти дала,
За те, що спати не лягала рано
І за те, що в мене душу вклала.

Спасибі нескінченне тобі,
Що коли й дитиною нерозумною був,
Краще віддавала мені, не лишаючи собі.
За перемоги спасибі, які я здобув.

Господу я зобов'язаний
За все, що в мене є.
Наш успіх із Ним пов'язаний.
Дякую, мамо, тобі і за це.

Субота   18.09.2004

Боже, я дякую Тобі

Боже, я дякую Тобі
За людей, що дають не лишаючи собі;
За доброту ближніх;
За тих, кого світ визнав за нижніх!

Заради них варто жити,
Вони – ті, які не забули, як любити.
Заради них варто світ кращим робити –
Заради них варто добро творити!

П'ятниця   19.02.2011

Слав Бога в слові й ділі

Слав Бога у серця простоті,
Як можеш, так молись,
В душевній чистоті,
Щоб "Отче наш" та інші молитви лились.

Хай в слові, хай і в ділі
Станеш ти Його хвалити.
І хай благословишся ти в життєвій цілі,
Хай будеш щиро ти Його любити.

Із вірою твоя хвала спасе,
А ще твоє життя то буде приклад.
Шукай добра понад усе,
І хай життя простеньким буде виклад.

Неділя – понеділок   21-22.11.2010

Як величні діла Твої, Господи

Як величні діла Твої, Господи нині і повсякчас!
Ти все премудрістю сотворив!
Милості Твої – незліченні для нас.
Як багато у світі див:

Баланс у природі, тварина, людина,
Сильний чоловік, вродлива жінка, тендітна дитина;
Коли хто останній кусень хліба доїдає
І тому, хто його не любив, залишає.

Як величні діла Твої Господи, повсякчас і нині
Ти – Той Самий, Ти досі зціляєш.
Чи у космосі, чи під водою, на горі чи у долині –
Ти любиш нас і дбаєш.

Субота   11.07.2015

Дякую (3)

Все, що маю Богу зобов'язаний я:
Воля, мир, здоров'я, життя.
Дякую, Боже, за спасіння надію, підтримку родини;
Дякую, що дав перемогу у нелегкі години.

Благослови, Господи Боже, Твого раба по всі дні,
Щоб ходити Твоїми шляхами мені.
Дякую, Боже, що перемагає любов!
Дякую, Боже, за підтримку знову і знов!

Листопад   2014

НАВЧАННЯ ТА РОБОТА

Де закриваються двері, відкриваються ворота

Де закриваються двері, відкриваються ворота;
Тому шлагбаум в одному місці – не сумна, а весела нота.
Отже, звеселися і далі певно йди,
А щоб вірним був шлях – молися і Господь направить куди.

Неділя   12.05.2019

Я осягнув, що маю вчитися

Я осягнув, що маю вчитися;
Життєвий шлях дає уроки,
Розповідає як захищатися і як треба битися;
Мудрість зміцнює кроки.

Я осягнув, що маю вчитися
Бо знаю так мало,
Принципами для цього я готовий поступитися,
Дякую, Боже, що сказати це розуму стало.

Не можна розум легко знайти,
Та я сподіваюся мужнішим зробитися
І до мудрості хоч трохи підійти,
Бо осягнув, що маю вчитися.

Субота   22.01.2005

Інколи буває сумно

Інколи буває сумно.
Сумно коли не цінують,
І важче стає цінити розумно.
Вони лише критикують.

Критика часто руйнує,
А будувати так важко.
Від того серце сумує
Й на душі якось тяжко.

Та чи вони знають?
Думають, так,
Насправді ж ламають;
Нове їм не на смак.

Не розуміють,
Тому й відкидають.
Непевність легко сіють,
Про відкриття мало дбають.

Але ти не сумуй,
Знай переможе добро.
Своїм шляхом сміливо крокуй;
Утверджуй розумом житло.

Квітень   2010

Баланс

Май баланс у праці та відпочинку
Щоб здоров'я мати;
Щоб дух був як у надійному будинку;
Щоб Бога прославляти та людям допомагати.

П'ятниця   *29.03.2019*

Критицизм

Є критицизм слушний, практичний –
До такого треба дослухатися.
То є жест доброзичний,
Такий варто вітати і шукати намагатися.

Є критицизм, який у принципі доречний,
Але супернегречний.
І хоч проблема – маленька,
Шукає погубити бо вважає, що людина – слабенька.
На такий краще не зважати
І самому про свої справи тверезо розважати.

Є критицизм несправедливий
Бо рецензент заздрить, нещирий, лінивий.
Такий критицизм треба фільтрувати:
Критика уникати, а критицизм повз вуха пропускати.

Неділя   *13.01.2019*

День настає

Ніч проходить,
День настає.
Нехай беззаконник своє робить.
А праведник винагороду свою дістає!

*П'ятниця					29.03.2013*

Коли презентація на разі

Коли презентація на разі,
Готуйся і практику май на увазі;
А щоб подолати зайве хвилювання –
Уяви, що всі – у захваті і хочуть дати тобі цілування!

*Вівторок					09.10.2018*

Цінуй життя

Цінуй життя та користуйся
Щоб іти вперед; не лінуйся, не лякайся.
Любов'ю до Бога та ближнього рятуйся.
На помилках не циклись; посміхайся!

*Середа					04.07.2018*

Страх Божий – початок мудрості

Страх Божий – початок мудрості.
Усім майном її набувай.
Захистить тебе і у старості,
Її шляхи у справі всякій пам'ятай.

Шлях праведних – сонце, що сходить;
Шлях лихих – темрява, що додолу заходить.
Не знають горді, де впадуть,
А мудрі, хоч би з нуля, – зростуть.

Бо на Бога мудрі сподіваються,
Шлях їх – не захитається.
Кого Бог любить, тим мудрість дає,
А нерозумний – шкоду собі завдає.

Мудрість – здоров'я кісткам,
Страх Божий – початок її.
Нерозумність – неспокій ногам.
Обери мудрість за сестру собі.

Субота   *21.01.2012*

Дрібне / головне

Час дорожчий за гроші,
Коли бережеш, пам'ятай.
Щоб по ціні купити калоші,
Час – коштовний, розум май.

Час – головному,
Зостале – дрібному...

Середа   *10.03.2010*

Мудрість

Мудрість – корона царя.
Веде крізь землі,
Веде крізь моря.
Просвіщає шляхи темні.

Плекай Її як квітку,
Як скарб Її хрони.
Зимою, на весні та влітку,
Восени, коли у золоті лани.

Понеділок   *21.06.2010*

Життя у собі гарне

Життя у собі гарне,
Але коли самітнє –
Здається марне,
Не гріє й сонце літнє.

Але з любов'ю,
Життя розквітне;

Додасться здоров'ю,
Життя оживе, стане помітне.

Коли поруч друг,
Сила чотирьох додається.
Легше братись за плуг,
Легше виграється.

Май друга,
Другом будь!
Хай зникне туга,
Хай зміцніє путь!

П'ятниця   *05.02.2010*

Як сумно часом буває

Як сумно часом буває,
Чому успіх чужий комусь заважає?
Чи ми, люди, брати?
Чи не тому ми тут, щоб один одному допомогти?

Та дехто забуває,
Через дрібне головне зневажає.
Люди – різні та є добро,
Назавжди переможе Воно.

Хай жорстокий розуміє,
Любові тепло синів-дочок зігріє.
Лагідні яскраво засяють.
Терпінням й добром вони перемагають.

Субота   *23.01.2010*

Я зрозумів дещо важливе

Я зрозумів дещо важливе:
If we can't as we would,
We must do as we can;
У моїх руках майбутнє щасливе.

Зараз як ніколи важко,
Та я сам ладен усе владнати,
І силу і розум я повинен поєднати.
Сподіваюся… З допомогою Божою не буде надто тяжко.

Субота   07.06.2008

Люби добро понад усе

Люби добро понад усе
І ближньому чини як хочеш сам для себе.
Нехай твоє життя це світло пронесе.
Нехай добро полюбить тебе.

Неділя   02.02.2014

Що більше живу, то ясніше розумію

Що більше живу, то ясніше розумію:
Це життя – надзвичайно коротке,
Часом трохи гірке, часом солодке.
Та вирішувати <u>нам</u> як влаштувати цю дію.

Всякій людині кілька стежок відкрито,
Кожен сам свою цеглу кладе.
Одних мудрість Божа веде,
Для інших майбутнє занадто розмите.

Життя – у швидкоплинній миті.
Та важливо хибні кроки визнавати,
Щоб піднятися і йти, а не стогнати;
До мудрості двері завжди відкриті.

Субота   09.04.2005

Гроші – то лише засіб

Гроші – то лише засіб
Для досягнення мети.
Що ж додати ще?
Гроші – асфальт, щоб по ньому пройти.

Можеш більше заробити?
То – від Бога, чом би і ні.
Але пильнуй, щоб не загубити
Дещо важливе на дні.

Адже чим більше маєм,
Тим більше можемо допомогти.
Як і що робити знаєш,
У серці то можеш знайти.

Понеділок   12.06.2006

ТНЕДУТС

Сьогодні навчання, завтра робота,
Тренування сприяє зміцненню сил.
Ухил до читання, між тим щось до рота;
Дотик науки, прагнення крил.
Еко, лінгво, фізіо, гео…
Найкраще у світі – пізнання – нео,
Так і Ейнштейн колись щось відкрив.

Понеділок 15.02.2010

Твори добро

Твори добро допоки світло світить;
Нащо думати, чи хто помітить?
Той Хто треба вже знає –
Нічого схованого від Нього немає.

Твори добро бо Богу любо це.
Він мостить оливою твоє лице.
Твори добро і воно повернеться до тебе:
Заради любові до Бога і ближнього радше ніж для себе.

Неділя 22.05.2016

Радій життю, радій

Радій життю, радій.
Хай що, живи!
Бороти тугу вмій,
Світло миті лови.

Доки існуєш люби:
Любов є сила.
Хай що, добро роби;
Умій розкрити крила.

Понеділок   03.05.2010

Треба помолитися, щоб не помилитися

Треба помолитися, щоб не помилитися –
Так краще працювати і так краще битися.
Православна молитва – річ сильна:
Через неї – перемоги, через неї людина – вільна…

Середа – п'ятниця   06-08.01.2016

Не треба кричати, щоб почутим бути

Не треба кричати, щоб почутим бути,
Свою справу треба добре робити та спину не боятися гнути.

Тільки той рипить, хто нічого не вміє,
Бо звертають увагу і з того радіє.

Та людина – не скрипучі ворота –
Розумний дарма не відкриває рота.
Слово – не горобець, вилитить – не піймаєш,
Тож добре поміркуй доки мовчиш, доки час ще маєш.

Субота   *10.04.2004*

ЛЮБОВ

Люби Батьківщину, рідну Неньку, люби!

Люби Батьківщину, рідну Неньку, люби!
Те, що можеш для неї робити, роби.
Нехай щира буде твоя любов
І у справах показує себе знову і знов.

Люби Батьківщину, рідну Неньку, люби!
Частиною повсякденного життя це зроби.
Інші що хочуть будуть чинити,
Але нехай тобі допоможе Бог із любов'ю все робити.

Неділя   26.01.2014

Любімо Україну

Любімо Україну, всім серцем любім!
Це наша Ненька і наш рідний дім.
Нехай наша любов просіяє поміж нами та поміж народáми!
Любім Україну ділами та словами!

Неділя   23.02.2014

Люби мир і мир приліпиться до тебе

Люби мир і мир приліпиться до тебе.
Ближнього люби, чини добро.
Коли є необхідність, не жалій себе;
Обра́зи та злобу кинь у сміттєве відро.

Тоді є надія,
Що брат не з'їсть брата,
Що збудеться мрія.
І наша буде сильна Церква та повна буде хата!

Неділя   09.03.2014

Як світла мить мого життя

Як світла мить мого життя
Твій сміх, дотепності твоєї глибина.
З тобою – природної краси буття,
Та для тебе все це – не новина.

Як янгол ти та як сама любов.
У тобі життя та воля.
Твої слова у моєму серці знов і знов…
Не поруч ми, але разом і перед Богом наша доля.

Понеділок   06.09.2010

Всім серцем твоїм

Люби Господа Бога всім серцем своїм;
Нехай увага іншим не буде зупином твоїм.
Добрі справи нехай, малі чи великі,
Будуть в очах твоїх буденні, не дикі.

Добрі не скажуть: "То й що?",
Справедливі не скажуть: "Навіщо?".
Душа ж твоя доглянута буде,
З подякою Богові, скаже: "Не боюся тебе, о Страшний Суде".

Понеділок　　　　10.10.2011

Де любов, там – Бог; де Бог, там – перемога

Де любов, там – Бог; де Бог, там – перемога.
Тому, якщо ти щиро любиш, це – вірна дорога.
Любов – не безумна, а натхненна, любить порядок, добро,
Тому вір, надійся, люби, – бо переможе саме воно.

Понеділок　　　　27.05.2019

Не затуляй серце

Коли бачиш бідну людину,
Яка допомоги потребує,

Не затуляй серце пам'ятаючи про власну родину:
Той, хто щиро дає, дім свій збудує.

Четвер 04.04.2019

Люби добро понад усе

Люби добро понад усе:
Твоє життя засяє!
Господь, як люблячий Тато, тебе понесе,
Твоя пісня переможна залунає!

Неділя 24.02.2013

Господь – мій Друг

Від юності я мав багато скорбот,
Але Ти через усе провів раба Твого на диво!
У сто і тисячу разів дав більше добра, ніж було турбот.
Темряву перетворив на сниво.

З юності раба Твого покликав.
Хоч звір сердитий рикав,
Хоч зла людина хотіла зруйнувати –
Ти дав рабу Твоєму процвітати!

Я дякую Тобі, Боже, Спасіння моє і Слава!
Нехай раб Твій ще послужить Тобі щиро!

Вилий благословення Твого миро,
Люблячий Авва*!

* Отче.

Середа   05.06.2013

Є люди, заради яких на світі варто жити

Є люди, заради яких на світі варто жити –
Це – ті, які вміють ще любити.
Це – мама й діти,
Це – ті, які дрібницям вміють ще радіти.

Це – закохані щиро,
Яких життя як чисте миро.
Це – бідні, але щирі люди,
Які є, повір, усюди.

Багато бачив я у світі.
Та є у ньому те, заради чого варто жити:
Джерела, гори, дерева на весні у квіті.
Є заради кого варто ще любити,
Є ті, кого потрібно захистити.

Субота   11.02.2012

Любов, весь світ у слові, все життя

Любов, весь світ у слові, все життя,
Освітить шлях, спасе.
Любов – то ціль буття;
Любов до Бога й ближнього понад усе.

В ній справжній сенс, це так,
В прозоро чистій, дивній.
Для серця мудрого – це знак,
Душам вірним щастя в ній.

Неділя – вівторок   26-28.07.2009

Якось два мудреці розмовляли

Якось два мудреці розмовляли...
Один іншого мимохідь спитав
Пояснити загадку, відповідь до якої сам не знав.
Довго думали до усього рівняли:

Дивно, не заздрить, не радіє з неправди,
Не поводиться нечемно, не величається,
Не шукає тільки свого, не надимається,
До гніву не рветься, терпить завжди,

Милосердствує, сподівається всього,
Правдою тішиться, вірить у все,
Не думає лихого, скорботи знесе.
Весь день мудреці сперечалися з цього,

Не відповівши, за інше заговорили знов.
Років восьми неподалік хлопець стояв,
За розмовою довго спостерігав
І наче сам до себе промовив: "Любов".

Субота   04.12.2004

СМІЛИВІСТЬ

Щастя не падає з неба

Щастя не падає з неба,
Хочеш чогось досягнути?
Тоді запам'ятати треба:
Переможеш тоді, коли мужнім навчишся бути.

Субота   03.01.2004

Будь мужнім і дій мудро повсякчас

Будь мужнім і дій мудро повсякчас.
Хай ворог лютує, а ти будь спок,
Хай посміхається як фантомас.
Ти – досвідчений док.

Твоя освіта допомагає;
Твоє серце чисте сяє;
Бог любить і пам'ятає.
Правда неправду здолає.

Отже, йди уперед, постійно у молитві;
Працюй поступово, мудро, сміливо,
Щоб із Божою допомогою перемогти у битві,
Щоб Господь благословив це диво.

Понеділок   13.05.2019

Будь спок

У скрутній ситуації будь спок:
Бог не тільки коли все добре, але завжди допомагає.
Тому все буде ок.
Переможе той, хто віру, надію і любов має.

П'ятниця   *29.03.2019*

Вище ніс

Не падай духом, друже
І не засмучуйся дуже.
Тримай вище ніс;
Ти вже набагато більше зніс.

Вір і сміливо крокуй уперед.
Хай інколи слова чи справи – не мед
Та у тебе ж серце, голова!
Роби добру справу і фільтруй нечемні слова.

П'ятниця   *22.02.2019*

Тримай вище голову

Тримай вище голову, друже.
Ти – особливий і так само те, що маєш –

Все буде добре, пам'ятати то треба дуже –
Цінуй, що є, сміливо крокуй попри все і ще більше надбаєш.

Субота   12.01.2019

Коли тяжко

Коли тяжко,
Коли не розуміють
І далі йти важко,
І чужим проблемам радіють;

Заспокойся, все буде чудово.
Зупинись, подивися довкола,
Інші також страждають,
Від голоду, війн, спраги, недуг знемагають.

Будь сильним,
Яким ти є від природи.
Будь пильним,
Це береже від негоди.

В твоїй руці – потужна зброя:
Віра, надія, любов.
Це – щит і меч героя.
Господь підкріпить знов.

Понеділок   22.06.2009

Борітеся, поборете

Борітеся, поборете
І всяку навалу підкорите.
Борітеся, сміливо стійте,
Із молитвою і любов'ю дійте.

Це – правда не тільки для загалу
І у захисті від ворожого навалу,
Але для кожного з нас на плоди чудові –
Стіймо у дусі сміливості, здорового розуму, любові.

Неділя   14.10.2018

Надійся на Господа і нехай буде певне серце твоє

Надійся на Господа і нехай буде певне серце твоє.
Роби що потрібне, що добре – кмітливо –
Праця, любов, життя, надія доведуть своє;
Мужність май – твоє не забариться диво.

П'ятниця   19.10.2018

Господи, помилуй

Коли так тяжко,
Господи, помилуй.

Із Ним не буде важко,
Господи, помилуй.

Жоден волос не впаде,
Що Він не знає.
Хто втратив, знайде.
Бог любить, дбає.

Отож, звеселіться!
Хай ваше світло засяє!
Горе чи радість, моліться,
Сміливо хай нога ступає.

Вівторок 07.12.2010

Не бійся, крокуй уперед

Не бійся, хай як лячно, –
Крокуй уперед із любов'ю і вдячно.
Умій посміхаться будь-що.
Із Богом розлучити тебе не може ніщо!

Четвер – п'ятниця 02-03.08.2018

Не дав нам Бог духа стрáху

Не дав нам Бог духа стрáху,
Але сили, любові, розуму здорового.

Безнадійність, непевність не є християнського фаху;
Віра, надія, радість серця – шлях до успіху чудового.

Неділя 15.07.2018

Люби добро понад усе і мир люби!

Люби добро понад усе і мир люби!
Все, що у твоїх силах, роби!
Ворог скрегоче зубами;
Не бійся, перемагай головою та Божими заповідя́ми.

Неділя 02.03.2014

Ніщо не може розлучити нас із Господом

Ніщо не може розлучити нас
Із Господом, ні висота, ні низина,
Ні скрута, ні момент, ні час,
Ні плітки, ні забубони, ні будь-яка новина.

Четвер 14.06.2018

Воля до життя

Май волю до життя –
Христос – життя, правда, дорога –
Під час вітру виття,
Під час спокою, коли далеко тривога.

Живи так, щоб було не шкода́,
Щоб коли Господь покличе й сьогодні –
Щоб вірною була твоя хода,
Щоб камінчики на серці не лежали жодні.

Середа　　　　　　18.04.2018

Не боюся

Дякую, Боже, за любов, яку раб Твій відчув,
За людей Твоїх, яких раб Твій зустрів,
За слова підтримки, які раб Твій почув,
За все, що рабу Твоєму простив.

Більш ніж будь-що, раб Твій – вдячний.
І хоч інколи шлях – лячний,
Не боїться раб Твій іти.
За провини, Господи, прости.

Вівторок　　　　　　14.11.2017

Перемагайте зло добром

Не можна перемогти зло злом,
Зло треба перемагати добром.
Бо коли беремось за зле,
Ми помножуємо лихе, чи велике, чи мале.

Добро ж дано нам у зброю;
Вогонь багаття можна загасити водою.
Бог є і допомагає у добрі.
Отже, творячи добро, ми вже не самі по собі.

Неділя   05.01.2014

Будь ласка, не сумуй!

Будь ласка, не сумуй!
Хай теперішнім серце живе:
Тишу природи почуй…
Життя щосекунди нове!

За рогом перемога,
Хто шукає, знайде́.
Від Бога стежина-дорога;
Правда своє доведе.

П'ятниця – понеділок   11-14.09.2009

Любий друже, посміхнись

Любий друже, посміхнись,
Вір, все буде ок!
На світ ширше дивись,
Швидко тікає клок.

Яка мета, яка ціль?
Вставай, іди до мети!
Май смак як має сіль,
Щоб світло світу піднести!

Четвер   *10.12.2009*

Твоє Свято

Життя – великий дар,
Хай що, а ти йди!
Шкода, не може буть без хмар,
Але дощ – не назавжди́.

Твоя посмішка сяє кришталевою росою;
Щире серце знає шлях:
Божий Янгол завжди з тобою,
Навіть в далеких краях.

Четвер – неділя   *10-13.09.2009*

Я бачив дівчину

Я бачив дівчину,
Одну ногу вона мала.
З подругою йшла у ту годину
Й підборіддя високо тримала.

В очах – любов,
В ході – сміливість.
Я згадую знов…
Невдачі дивна непокоривість.

А я зі своїми дрібними…
Клопіт мій – то ніщо.
Життя не бачу за ними,
А далі що?

Середа   10.03.2010

Щоб не робив, будь певним!

Щоб не робив, будь певним!
Ціль обери та йди.
У своїй справі будь ревним;
Себе у тому знайди.

Час візьме своє,
Стануть всі на місця.
Обери зараз своє,
Що краще у своїй сфері знавця?

Субота   30.10.2009

Не покину тебе і не залишу

"Не покину тебе і не залишу",
Сказав Ти мені, Твоєму рабу.
І ось я пишу:
Не покину Тебе і не залишу.

І як може Твій раб,
Адже Ти нас полюбив,
Завдяки Тобі я не заслаб,
А Твій Син спасіння зробив!

Боже, нехай же Твоя воля
В рабі Твоєму буде.
Нехай в Тобі укріпиться доля.
Хай раб Твій прощення здобуде!

Субота – середа　　　*19-23.11.2011*

Якщо у житті не гладко все

Якщо у житті не гладко все,
Не хвилюйся, не сердися:
Те, що було, минуле все далі і далі несе,
З надією на це дивися!

Хай серце палає любов'ю,
Хай розум працює кмітливо,
Хай дієта сприяє здоров'ю!
Рухатись далі – дуже важливо.

Неділя　　　*07.09.2014*

Люби добро

Люби добро понад усе.
Хай певно твоя нога ступає.
Хоч хто куди тебе несе,
Хай у твердості віра зростає.

Не дивись які догани мають.
І навіть якщо тебе збивають –
У вірі твердо стій
Бо так фундамент ствердиш свій.

Неділя   *10.07.2011*

Не сумуй

Тільки той не помилявся,
Хто нічого не робив;
Хай кажуть марно сподівався,
Не вір, ти правильно чинив.

Заспокойся, будь собою,
У тебе все буде тік-ток,
Ще будуть пишатися тобою,
Тільки зроби правильний крок.

Четвер   *27.12.2003*

Посміхнись

Посміхнись і посміхнеться все навкруги,
І розквітнуть по-новому поля і луги.
Знаю, нелегко та тримай впевнено ніс,
Лихо минеться, ти вже набагато більше зніс.

Посміхнись і хай там що, у вірі стій,
Скоро полегшення прийде і побачиш успіх свій.
А щоб впевнено йти, пам'ятай про любов,
Вона – вічне, а турботи пройдуть і не побачиш їх знов.

Неділя   *25.06.2006*

Життя – це великий дар

Життя – це великий дар,
Не варто про це забувати
І тільки Господь може ним наділяти;
Життя наповнює все від моря до хмар.

Але той, хто його має
Розпорядитися ним правильно мусить,
Найвищої мудрості життя вимагає
І розумний для початку язика закусить.

Не варто життя марнувати,
Його треба цінити, сміливіше крокувати.
Кожен сам все зважить, але час швидко спливає,
Укріпиться той у житті, хто надію на Бога покладає.

Вівторок   *07.08.2004*

СВЯТО НАБЛИЖАЄТЬСЯ

Христос народився!

Христос народився, славімо Його!
У пісні, думці, ділі –
З любов'ю, мудрістю, сміливістю – Пана всього.
Бог прийшов до нас у тілі!

Слава Богу заспіваймо.
Радістю, надією серця укріпляймо.
Христос народився від Марії Діви –
Хай подячно з веселістю залунають співи!

Неділя   30.12.2018

Що ми святкуємо на Різдво

Точну дату Різдва хто знає?
Але важливе інше, а саме,
Що Господь про нас дбає,
Що через Христа людина на спасіння надію має.

Отож, що ми святкуємо?
Не дату, не календар,
Але те, що до Світла крокуємо;
Любов, надію, віру, що від Бога дістали даруємо.

Субота   22.11.2008

На Різдво
(To my friends Janet & Cindy)

Із Христовим Різдвом вас вітаю!
Будьте щасливі;
Здоров'я, достатку бажаю;
Будьте сміливі!

Хай Зірка Різдвяна
Осяє ваш путь!
Як чиста квітка весняна
Хай буде життя вашого суть!

Єдині будьте, Бог – Єдин.
Світу ясному радійте,
У світ прийшов Господній Син.
Вічним добром багатійте!

Субота   *28.11.2009*

Зірка над вертепом яскраво засяє

Зірка над вертепом яскраво засяє,
Зорі на небі, холод на дворі.
Веселий дзвін у серці лунає,
Місяць про Радість Велику звіщає.

Це – Різдво, свято дивовижне,
Шлях до казки, до мрії,
Христове Різдво, справжнє, не книжнє:
Радіє усе, небо й земля, верхнє та нижнє.

У цей вечір святковий
Усе інакшим стає.
Кожен має свій шлях винятковий,
Не потрібен абзац додатковий.

Та сьогодні Господь єднає серця!
Як сніг хай білішає чиста душа,
Не на показ, не на раз, не для червоного слівця.
Різдво, – Україно, хай не жаліє митець олівця!

Субота   22.11.2008

Чому ми молимось?

Чому ми молимось, друже?
Ми молимось бо молитва є
Спілкування із Богом, яке нам потрібне дуже;
Це – перемога небесного над буденним, яке заважає

Пам'ятати про Бога завжди́,
Пам'ятати про вічне
І прямувати туди;
Очищає душу, розум і серце; дбання всебічне.

Неділя   17.12.2017

Ні праворуч, ні ліворуч

Їжа – засіб, не ціль,
Нехай не обмежить свободи.
Хай в собі кожен має сіль,
Хай від серця будуть оди.

Для тіла добре й для душі
Проста, свідома рівновага.
Кожен може й усі;
До норми – велика повага.

Вівторок   *16.03.2017*

До Різдва Христового

Різдво! Хай кожен радіє
Бо прийшов Спаситель у світ.
У серцях добро хай вільно панує і діє,
У країну миру здійснімо політ!

Природа Божа спокоєм дивує,
Горобці щиро радість сповіщають.
Відкрите небо здійснення мрій дарує.
Віра, надія, любов нас, людей, обіймають.

Уважний побачить,
Дуже ж поважний – можливо.
Щирість кожного собі розтлумачить,
Чиста любов, проста радість – як це важливо!

Середа   *07.01.2009*

Різдво Христове

Дякую, Боже, за дивне життя,
За любов попре усе,
За грішного сина Твого прийняття.
За підтримки Твоєї він всяку скорботу знесе.

У свято Різдва серце співає!
Боже, за радість дякую щиру.
Душа невимовно Тебе вихваляє.
Ти Один подаєш справжню силу!

Боже, з нами будь завжди, благаю,
Ти – Великий, Єдиний, на Тебе надія!
Що буде завтра не знаю
Та за віру, любов я іду, така наша мрія!

Понеділок   *07.01.2008*

Посміхнись і будь простим

Посміхнись і будь простим
Хай турботи не превалюють!
Хай сміх буде густим!
Хай ідеї наукові евалюють!

Неділя   *08.07.2012*

Ісус Христос народився

Ісус Христос народився,
У світ прийшов, як дитя з'явився.
Ісус Христос народився!
Син Божий як людина прийшов,

Від Отця Благий зійшов;
Для спасіння кожної людини,
Для щастя кожної родини!
Господеві нашому співаймо,

У вірі серця́ об'єднаймо.
Щоб Христос душу просвітив,
Щоб полум'я невір'я згасив.
Ісус Христос народився,

Як світла промінь у пітьмі з'явився.
І пастухи, і волхви
Свої дари принесли.
Отож щиро Бога прославляймо,

Спасіння сподіваючись співаймо!
Бо Христос – спасіння всім,
У кожну хату, кожен дім.
Просимо, хай Його ласка і щедроти

Будуть із вами вдома й на роботі,
Хай Христос дасть вашій родині
Хліба, здоров'я, прибуток, посмішку дитини!
Ісус Христос народився,
У світ прийшов, як дитя з'явився.
Ісус Христос народився!

Субота   *10.12.2005*

РІЗНЕ

Коли народ єдиний

Коли народ єдиний,
Тоді він дуже сильний.
Ніяка нація його не здолає,
Ніякий страх його не злякає!

Отож, єднаймось,
Довкола Бога будьмо єдині!
У справедливому мирі жити намагаймось.
Тоді ми будемо по-справжньому сильні!

Неділя   09.03.2014

Поборете

Борітеся – поборете; сміливо стійте;
З вірою, надією дійте.
Хто шукає – знайде, то – так.
Беззаконня, сваволі уникайте гак.

Субота   31.10.2020

Наш Боже Єдиний, Україну нам збережи

Наш Боже Єдиний, Україну нам збережи,
Віримо, зможемо все тільки Ти допоможи.
Хай вмиються росою стиглі жнива,
Хай з нами пробудуть Твої величні та щедрі дива.

Ти вже дав нам землю родючу,
Ліси та ріки великі, ниву плодючу.
Ми вдячні за все та просвіти ще нас світлом розуму і любові
І заспіваємо Тобі, Боже, нову пісню духом і тілом, міцні та здорові.

Від недуга та негоди, Милосердний, звільни,
Веселість і радість спасіння нам поверни!
Просимо: вир турбот від нас віджени.
До любові до Тебе та краю нас пригорни!

Приспів
Відкрий нам розум і наші серця,
Й уся Україна прославить Твоє Величне Ім'я.
Ти – наш Бог, а ми – Твій нарід!
З'єднай, заступи та збережи нас поряд.

Понеділок   *20.03.2006*

Радіти та мудрим бути

Нарешті, треба вміти ще радіти
Безтурботно, як маленькі діти;

Працюючи не забувати про головне –
Що є Бог і що життя у нас лише одне.

Дивовижно як влаштовано все у природі пам'ятати
І свою роботу, навчання як профі знати;
Старших щиро поважати,
Але разом із тим про свої справи тверезо і мудро розважати.

До світла прямувати, у ньому жити і його шукати.
І що ще додати?
Вірним у любові, службі, дружбі бути;
Розум мати, потрібне тримати, корисне обирати, помилкове відкинути, забути.

Середа *30.09.2020*

Маска, будь ласка

Маска – не завжди гарна
Чи зручна, на запах – штучна.
Але чи носити її справа марна?
Зовсім ні, – то є дія влучна.

Адже так ми піклуємось
Про ближніх кмітливо;
Із здоров'ям ближніх рахуємось
І робимо на своєму місці що можемо – а це є важливо.

П'ятниця *11.09.2020*

Зарядка

Для енергії на день потрібна зарядка ранкова;
Для душевних сил – молитва – християнський захист і підтримка виняткова;
Для настрою ж гарного, – посмішка, тому старайся:
Хай складно як, віруй, будь спок, посміхайся.

Середа   16.10.2019

Хай світло ваше просіяє

Хай світло ваше просіяє
Вірно серед людей,
Які прославлять Господа, Який дбає,
Любить і від біди визволяє.

Понеділок   16.09.2019

Господи, поклади закони Твої

Господи, поклади закони Твої
у серце моє, укріпи їх у суглобах
і м'язах моїх, запиши їх на чолі моїм.

Нехай буде приємною Тобі подяка
моя. Нехай радісно підійму руки
мої. Нехай у здоров'ї відкрию вуста свої!

І буду хвалити Тебе серед народів.
І почують Ім'я Твоє ті, що не чули.
І згадають блага Твої ті, що забули.

Нехай же тепер не замовкну
в скорботі. Нехай хвороба не
переможе мене. Нехай ворог
не здолає раба Твого.

Грудень   *2011*

Твори добро

Твори добро,
Велике і маленьке.
Твори добро,
Хоч каже хтось "слабеньке".

Нехай у цьому
Будеш щира / щирий.
Зростай, укріплюйся у ньому,
Хоч сумніваються усі, ти віруй!

Твори добро!
Не будь переможений злом,
Але перемагай зло добром.
Твори добро!

Нехай лице умию
І серце з радістю відкрию;

Нехай по милості Твоїй дістану
Та на молитву подячну стану!

Березень   2012

Скільки можна часу чекати?

Скільки можна часу чекати?
Треба Землю для онуків зберегти,
Годі "Моя хата з краю" казати –
Час нові принципи знайти.

Озирніться ліпше уважно довкола,
Земля кругла, у неї немає краю.
Якщо щось не змінити, стане зовсім квола,
Але ще є час, я точно знаю.

Неділя   18.04.2004

Навіщо жаліти чого вже не маєш?

Навіщо жаліти чого вже не маєш?
Чи не ліпше радіти з того, що є?
Та й без мене те добре знаєш.
Справжня мудрість тільки зростає…

Маєш розум, отже добре зважай,
А всього лиш не хочу, щоб хтось сумував.

Міру в усьому, душе, май.
Дуже хочу, щоб ти спокій із мудрістю мав.

Понеділок   23.10.2006

Треба залишатися людиною будь-що

Треба залишатися людиною будь-що:
У любові, гніві; у багатстві, злиднях; у мирі, в АТО.
Нехай християнські цінності превалюють;
Хай віра, надія, любов дорогу будують.

Вівторок   23.04.2019

Коли я сумую

Часом важко
І не так усе йде.
На душі тяжко
І притулку немає ніде.

До Бога тоді я звертаюсь.
Як легко забути,
Але в той час я повертаюсь.
Все це – щоб добрим бути.

Так, невдачі потрібні,
Але прохаю в Бога успіх,

Щоб зусилля стали плідні,
Щоб знов почути сміх.

Четвер   *06.05.2010*

Добрі справи без похвали

Які великі справи
Господь благословляє нас творити,
Тому не потрібні нам оплески з високої лави,
Але Господа та ближнього любити.

Отже, наскільки важлива дія
Визначає не хтось із боку,
А вчинок у конкретній ситуації, а ще – віра, любов, надія, –
Тому роби те, що правильно, а не приємність чиємусь оку.

П'ятниця   *05.04.2019*

Хто розумний, того Господь спасе

Хто розумний, того Господь спасе,
Бога тільки слухай постійно.
Господь тебе піднесе!
Не взнаєш, звідки допомога прийде!

Неділя   *24.02.2013*

Що є Батьківщина?

Що є Батьківщина?
Часто слово ми чуєм,
Знає його і дитина.
А як наступного разу його застосуєм?

Експлуатують його часто занадто.
Вітчизною є родина:
Друг, ближній, звір і рослина.
Батьківщиною є повсякденна днина.

Понеділок   20.04.2009

Життя земне – замале

Життя земне – замале…
Як просто забути,
Важко йти, легко що зле,
Важко запалити, легко задути.

Зачекай, поверни,
Що було, що є, що буде?
Пройде час, розтануть сни,
Кожен по справах здобуде.

Я знаю, я – не кращий.
Кожен відповість за себе.
Нелегкий твій шлях, може, найважчий,
Та ніхто не дасть відповідь за тебе.

Життя земне – замале
Та не пізно знову почати.
Беззупинно час йде…
Минуле минулому, вставай, ось вже час жати.

П'ятниця – субота   13-14.01.2006

Боже, поклади охорону устам моїм

Боже, поклади охорону устам моїм,
Перегорожу ротові моєму.
Ти випробував мене,
Ти знаєш, коли я лягаю і коли я встаю.

Подивись, Боже, чи не на хибному я шляху
І направ мене на шлях вічності,
Господи, сила мого спасіння!
Знаю я, що Господь творить правду бідному

І милість справедливому;
А пригніченим – справедливість.
Так! Справедливі зрадіють,
Пригнічені співатимуть Імені Твоєму!

Боже, дай мені бачити гріхи мої
І не докоряти ближнім моїм!
Боже, поклади охорону устам моїм,
Перегорожу ротові моєму.

Субота   14.01.2012

Церква – це притулок для душі надійний

Церква – це притулок для душі надійний;
Схованка від гріха, світу, турбот;
Господар у гостинності постійний;
Диво подарує, захистить від скорбот.

Приходь у Церкву не до когось, а до Бога,
Він – Життя, Правда, Дорога.
Дякуй за все; що душа потребує – молися;
З вірою, надією, любов'ю за справу берися.

Неділя26.11.2017

Рідна мова

Рідна мова – бальзам для душі,
Струмок для вух джерельний,
Для язика – то мед;
Для голови – пірина.

Втомлену душу підкрипить,
Хворе тіло зціляє.
Це – від Бога!
Рідна мова – то життя!

Вересень2009

Чуго ж руки поскладали?

Чуго ж руки поскладали?
Ще не час відпочивати,
Не всі ще пережитки зруйнували,
Треба цьому раду дати.

Рух уперед зараз необхідний.
Не стоятимемо десь на краю!
Хай буде успіх плідний,
Важливо розвивати перемогу свою.

Субота – неділя   *14-15.02.2004*

Не цурайся коренів своїх

Не цурайся коренів своїх,
Без кореня зів'яне й дуб могутній;
Будь мудрим, пам'ятай родичів всіх,
Хай образ батьків у серці буде присутній.

Субота   *03.04.2004*

Разом ми покажемо силу

Разом ми покажемо силу,
А поодинці – слабкіші.
Інші будуть даватися диву,
Якщо вгодно буде Богові і Він поставить нас вище.

Не забуваймо Бога і тоді
Щоб наші подовжились дні,
Щоб у злагоді жити,
Щоб всякого ближнього любити!

Отже, разом ставаймо;
Разом Богові співаймо.
Подяку щиру складаймо,
Разом добром зло перемагаймо!

Лютий   *2012*

Хто б що не казав, а життя – неймовірне

Хто б що не казав, а життя – неймовірне –
На мільйони кольорів і дива багате;
Для розумних – на вдачу вірне.
Хоч бува часом солонувате.

Тільки подумати, як все влаштовано:
День і ніч, вода – вогонь, птах і людина!
Великою Божою мудрістю усе збудовано.
І кожен своє місце має, навіть невеличка тварина.

Як щасливий той, хто з вірою живе,
Не дивлячись на клопоти, кожну хвилину цінує!
Як блажен той, хто православним шляхом іде
Бо з надією живе і до вічного прямує.

Субота   *11.06.2005*

Хай жива вода тече

Роби добро й до нього йди.
Будь досконалим, як Бог твій є.
Тихо стій в добрі завжди.
Хай з джерела жива вода тече.

Серпень   2011

Алфавітний покажчик (теги)

віра	1, 9, 15, 17, 31, 33, 34, 37, 38, 41, 42, 44, 47, 48, 49, 52, 53, 54, 55, 56, 57, 58, 59, 61, 62, 65, 67
досягнення	25, 36
друг	23, 32, 37, 44, 45, 51, 57, 63
життя	1, 2, 3, 4, 5, 8, 10, 12, 14, 15, 16, 17, 18, 20, 22, 23, 24, 25, 27, 29, 30, 32, 33, 34, 39, 42, 43, 44, 45, 46, 48, 50, 52, 53, 55, 57, 63, 64, 65, 66, 67
любов	1, 2, 4, 5, 7, 8, 9, 10, 11, 12, 13, 14, 15, 16, 20, 21, 22, 23, 24, 26, 27, 29, 30, 31, 32, 33, 34, 35, 36, 37, 38, 39, 40, 41, 42, 44, 45, 46, 47, 48, 49, 52, 53, 56, 57, 58, 61, 62, 65, 67
мама	13, 33
мова	1, 6, 9, 65
мудрість	2, 9, 11, 12, 15, 17, 21, 22, 25, 34, 36, 48, 49, 56, 57, 60, 61, 66, 67
навчання	3, 10, 17, 26, 36, 57
надія	5, 8, 16, 30, 31, 37, 38, 39, 41, 46, 48, 49, 52, 53, 55, 61, 62, 65, 67
подяка	1, 2, 4, 5, 7, 8, 10, 11, 12, 13, 14, 16, 17, 31, 32, 42, 53, 58, 65, 67
посмішка	8, 11, 20, 30, 36, 40, 44, 48, 53, 54, 58, 62
презентація	20
природа	15, 30, 38, 43, 52, 57
радість	1, 2, 3, 7, 9, 27, 28, 33, 34, 38, 40, 41, 49, 50, 52, 53, 56, 58, 59, 60, 64
Різдво	49, 50, 51, 52, 53
родина	1, 3, 5, 7, 10, 16, 32, 54, 63, 66
світло	24, 26, 27, 30, 34, 40, 44, 49, 50, 54, 56, 57, 58
слово	4, 8, 15, 28, 29, 30, 34, 37, 42, 51, 63
сміливість	7, 8, 11, 18, 36, 37, 38, 39, 40, 45, 48, 49, 50, 55
Церква	30, 65
щастя	9, 24, 34, 36, 50, 54, 67

Нотатки читача

www.ingramcontent.com/pod-product-compliance
Lightning Source LLC
Chambersburg PA
CBHW071509070526
44578CB00001B/493